Die Vo t !!!   Dieu le veut !!!

SOCIÉTÉ CHRÉTIENNE ET PACIFIQUE

DE LA

NOUVELLE CROISADE

POUR

l'Européanisation, le Dégagement et l'Embellissement

DES

SAINTS LIEUX A JÉRUSALEM

Il n'y a pas un coin de terre dans le monde, qui ait aux yeux de plus d'hommes, une valeur religieuse plus grande que la Voie douloureuse, que le Calvaire et le Saint-Sépulcre à Jérusalem.

Et il n'y a pas de religion qui, ayant un lieu consacré par la légendaire visite d'un dieu ou d'un homme divin, l'ait abandonné à ce point et si longtemps au désordre organisé par ses ennemis.

Cependant, pour la défense, pour la délivrance de nos Saints Lieux, plusieurs millions d'hommes se sont successivement croisés et sont morts autrefois. Et aujourd'hui, sur les 400 à 500 millions de chrétiens divers, qui sont répandus sur le globe, 3o à 4o millions prient encore, les yeux tournés vers ce Calvaire, vers ce Sépulcre, vers cette Voie douloureuse de Jésus, lieux saints au-dessus de tous, mais défigurés et méconnaissables.

Les pélerins qui les visitent, la plupart sordides, conduits par des prêtres également poussiéreux, parcourent la Voie douloureuse, sous les sarcasmes et les mépris brutalement ricanés des juifs et des musulmans, devant qui ils sont obligés de passer.

Certaines âmes fières, qui ne séparent pas les choses de la forme qu'elles doivent avoir, honteuses de ce désordre, lèvent la tête vers le ciel, pour questionner l'Eternel sur la raison des humiliations de sa religion et de ses fidèles, sur le peu d'autorité et d'efficacité de son immense sacrifice dans les lieux mêmes où il a été fait.

Ces âmes pleines de doute, qu'un ordre plus religieux retiendrait et porterait à des réflexions salutaires, reviennent avec des sentiments de découragement et presque d'incrédulité, parceque le Christ n'a pas trouvé jusqu'à ce jour, parmi ses fidèles, dans cette Jérusalem qu'il a tant aimée, un metteur en scène des lieux où il a souffert, où il s'est offert en holocauste et où il est ressuscité d'entre les morts. Tandis que Mahomet a dans La Mecque des cérémonies imposantes, lesquelles attirent tous les ans des centaines de mille de Musulmans qui en reviennent toujours plus fervents.

Ce parallèle aurait dû frapper et affliger tous les adorateurs de Jésus-Christ. Nos chefs auraient dû se dire l'un à l'autre que la force de l'Islam, comme la cause de l'autorité de toutes les religions humaines de l'Orient, viennent de la parfaite concordance de leur habile mise en scène et de leurs dispositions organiques, en vue d'en imposer à l'âme des simples ; que les lieux consacrés par elles au souvenir des faux dieux et des faux prophètes sont parés par des constructions nombreuses et magnifiques ; qu'ils sont desservis par des collèges sacerdotaux qui jouissent d'une autorité supérieure, et qui ordonnancent des cérémonies d'un caractère grandiose.

Le désordre qui déshonore nos Saints Lieux doit donc cesser par ce qu'il est une cause de scandale : pour les bons chrétiens, qui en souffrent ; pour les infidèles et les athées, qui en triomphent ; enfin pour les futurs néophites de l'Orient et de l'Afrique qui en seront surpris, lorsqu'ils viendront les visiter, parce que leurs âmes de chair et de sang, toujours dominées par les spectacles qui imposent aux sens, ne comprendront ni cet abandon, ni ces humiliations, après avoir pu constater les cérémonies pompeuses et les gloires humaines des religions rivales.

Comment ferons-nous admettre à ces futurs chrétiens, que dans cette Jérusalem, choisie par Jésus à cause de sa grandeur religieuse remontant à Melchisédech, à Abraham, peut-être à Adam, — pour s'y offrir, comme la victime propitiatoire annoncée par les prophètes, aux coups de la Justice éternelle, — la Voie douloureuse qu'il a rougie de son sang divin, depuis le prétoire de Pilate jusqu'au Calvaire, peut

SOCIÉTÉ CHRÉTIENNE ET PACIFIQUE

DE LA

NOUVELLE CROISADE

POUR

L'EUROPÉANISATION, LE DÉGAGEMENT ET L'EMBELLISSEMENT

DES

SAINTS LIEUX A JÉRUSALEM

PARIS

SOCIÉTÉ ANONYME DE L'IMPRIMERIE TYPOGRAPHIQUE KUGELMANN

12, rue de la Grange-Batelière, 12

1897

Die Volt!!!   Dieu le veut!!!

SOCIÉTÉ CHRÉTIENNE ET PACIFIQUE

DE LA

NOUVELLE CROISADE

POUR

L'EUROPÉANISATION, LE DÉGAGEMENT ET L'EMBELLISSEMENT

DES

SAINTS LIEUX A JÉRUSALEM

PARIS

SOCIÉTÉ ANONYME DE L'IMPRIMERIE TYPOGRAPHIQUE KUGELMANN

12, rue de la Grange-Batelière, 12

—

1897

être raisonnablement exposée à toutes les irrévérences des allées et venues des animaux et des gens affairés d'une ville ennemie de ses fidèles ?

Comment leur expliquer que cet Homme-Dieu, — victime jugée nécessaire pour créer en nous l'homme nouveau plein de commisération, ami de la justice et de la paix, et pour vaincre l'homme ancien, orgueilleux de sa race, n'adorant que la force sous toutes ses formes naturelles et sociales, (homme cruel foulant aux pieds l'esclave, cet homme vaincu et dégradé par lui, considéré comme une chose, voué à tous les vices) — n'a pu donner à cette terre sainte un caractère religieux égal à celui de la Kasba dans la Mecque?

Mais vous comprenez suffisamment l'importance religieuse d'un nouvel ordre de choses à Jérusalem.

Nous n'insisterons pas, parce que vous pensez avec nous qu'une nouvelle Jérusalem doit enfin se lever avec fierté aux yeux de tous, fidèles ou infidèles, et qu'elle doit se placer comme à mi-chemin de la terre au ciel, confirmant dans toutes les âmes la foi, l'espérance et la charité chrétiennes, en faisant courber tous les fronts au nom de Jésus-Dieu.

Quel sera donc le caractère de cet ordre nouveau?

Il sera obligatoirement neutre entre tous les cultes pour être acceptable par tous.

Cet ordre, qui plaira aux représentants de tous les cultes chrétiens, sera le seul digne de Jésus, parce qu'il aura un caractère de généralité qui convient à sa divinité.

Tous les cultes s'entendant, les grandes puissances feront accepter ou imposeront vite aux Turcs l'ordre nouveau qui doit régner à Jérusalem.

Cette opération ne sera pas pour elles plus difficile que celles qu'elles font en commun en Crète et en Grèce.

Mais comme les ministres des grandes puissances ne sont pas gens à se laisser mener par un bel idéal et par l'amour de la religion, il appartient à des hommes bien qualifiés, d'organiser le mouvement d'opinion, qui remue profondément les foules et qui entraîne les gouvernements.

Avant de faire voir comment une poignée d'hommes peut entreprendre et mener à bien la grande œuvre que je propose, faisons voir quel ordre on pourrait mettre aux lieu et place du désordre et comment tous les cultes peuvent s'entendre. D'où

1º Projet de constructions (voir le plan pages 8 et 9) ;

2º Projet d'organisation du culte général ;

3º Projet de création des comités tant catholiques que protestants, tant français qu'étrangers, pour réunir les fonds nécessaires ;

4º Possibilités de réalisations.

PROJET DE CONSTRUCTIONS

Je vous prie de vous reporter à la page où se trouve notre projet, ou mieux les dispositions générales de notre projet. Je l'ai établi, avec les données un peu vagues que l'on m'a transmises et non avec la collaboration d'un plan de la Jérusalem actuelle, que j'ai vainement cherché, les imageries religieuses ne tenant pas cet article là. Ce que je préconise, c'est la recherche minutieuse et l'invention de l'ancien tracé de la Voie douloureuse suivie par le Christ ; l'encadrement de cette voie par deux voies latérales réservées aux pélerins qui seront dites Voies sacrées, et que l'on devra construire en plan légèrement incliné pour que tous les pélerins puissent suivre leurs chefs religieux qui auront seuls accès sur la Voie douloureuse.

Cette voie déroulera ses sinuosités entre les piliers qui sont marqués sur le plan ; donc l'écartement des piliers devra être assez considérable pour que, d'un bout à l'autre de son parcours de huit à neuf cents mètres, elle ne rentre pas sous les voies latérales.

Ce plan une fois bien établi par les savants religieux, on jettera des voûtes en fer sur les trois voies.

Vous verrez sur les bas côtés de notre projet figurer quatre églises de stations de chaque côté des Voies sacrées.

Il y en aura, dans le projet définitif, autant qu'en fit notre Rédempteur en allant au Calvaire.

J'ai dû tenir compte de l'espace accordé à ce petit avant-projet. Tel quel doit suffire.

Vous voyez que l'Eglise du Saint-Sépulcre est remplacée dans notre projet par deux rotondes communicantes ; et que sur le parcours des Voies sacrées latérales des églises s'ouvrent indifférentes à tous les cultes.

Toutes ces églises seront ornées sommairement de la même manière et fort bien entretenues sous la direction militaire de l'Etat-major européen.

PROJET D'ORGANISATION DU CULTE GÉNÉRAL

Sur la Voie douloureuse, seuls, les prêtres et les pasteurs des diverses religions pourront circuler.

Sur la Voie sacrée, les pélerins marcheront parallèlement à leurs prêtres et à leurs pasteurs.

Sur l'une et l'autre voies, une compagnie des gardes de la Voie sacrée précédera et fermera la marche des pélerins et de leurs chefs religieux.

L'Etat-major des gardes fixera, sur la demande qui lui en sera faite par les chefs de pélerinage, l'ordre et la marche, sur le côté droit, ou côté gauche, des pélerins, avec l'heure des départs ; de telle façon que les pélerinages soient éloignés de plus de cent mètres les uns des autres, sur la Voie sacrée, et ne se rencontrent pas, ni au Golgotha, ni au Saint-Sépulcre.

Sur la Voie douloureuse, les prêtres et les pasteurs se contenteront de donner l'exemple des génuflexions et des attitudes.

Ils ne pourront adresser la parole à leurs fidèles que dans les chapelles de station qui seront élevées hors les voûtes de la Voie sacrée.

De cette façon la Voie sacrée, comme la Voie douloureuse, sera plongée dans un religieux silence.

Pour donner aux pélerinages un aspect uniforme qui ajoute à l'esprit religieux, en enlevant tous les motifs de distractions, les pélerins et leurs chefs religieux seront tous obligés de revêtir une robe blanche de flanelle qui leur sera louée s'ils ne peuvent l'acheter.

La Voie sacrée et la Voie douloureuse, le Golgotha et le Saint-Sépulcre, seront ainsi visités silencieusement dans un ordre quasi-militaire par de blanches formes humaines qui laisseront difficilement distinguer les deux sexes.

Le spectacle sera imposant.

Les réflexions et les prières mentales ne seront troublées par rien et par personne, et elles trouveront dans un lent et religieux parcours des Saints Lieux un puissant aliment.

L'Etat-major et les gardes, dont nous avons parlé, seront appelés : soit de la Voie sacrée, soit du Calvaire, soit du Saint-Sépulcre.

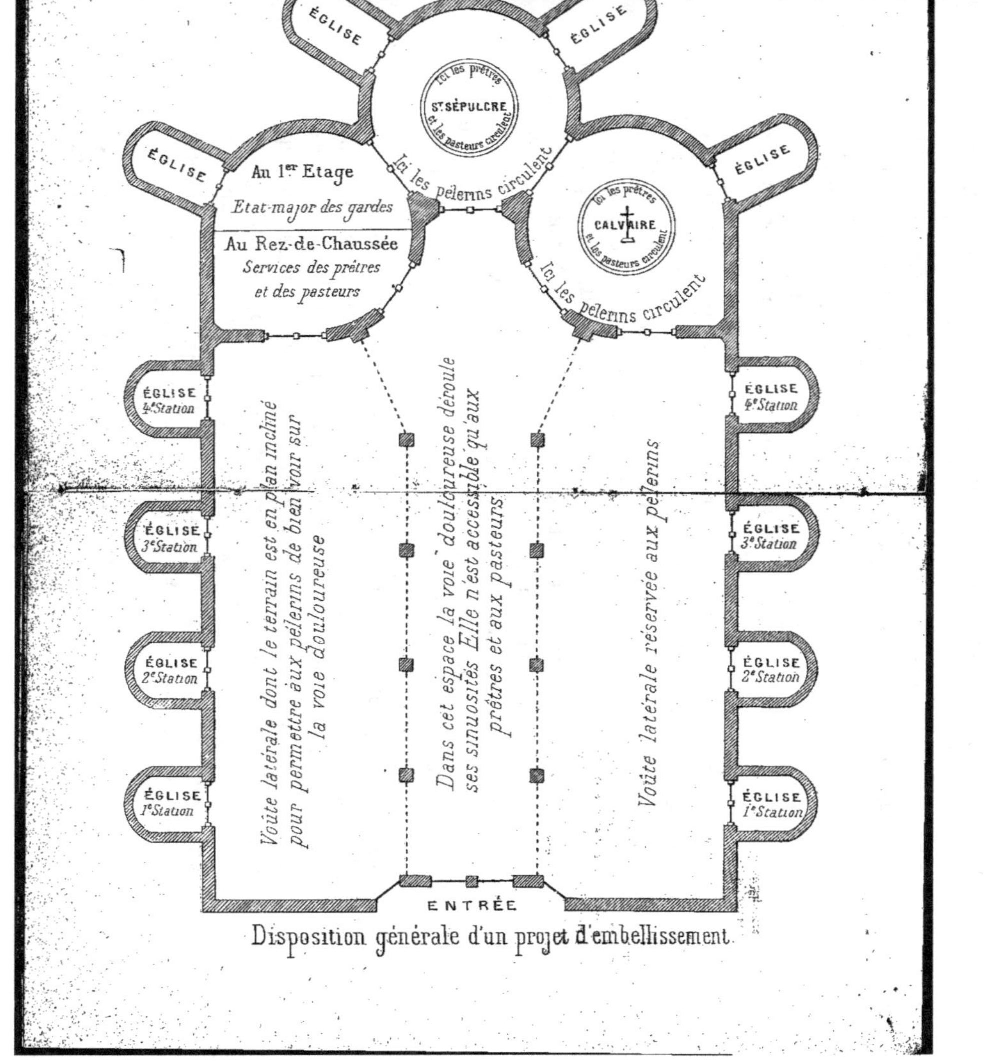

Disposition générale d'un projet d'embellissement.

Ils seront recrutés par égale portion dans les six grandes puissances qui opèrent en Crète — à raison de 3oo gardes par puissance.

Ces trois cents gardes de chaque puissance se diviseront en deux classes : la première sera recrutée parmi les officiers retraités, mariés, ayant réglé leurs affaires avec leurs enfants et voulant se consacrer à la garde des Saints Lieux. Ils formeront à tour de rôle l'Etat-major de tous les gardes de service.

Ces officiers seront certainement choisis dans les rangs de l'aristocratie par les gouvernements monarchiques.

La seconde classe sera recrutée parmi les anciens sous-officiers d'une grande dignité morale et se trouvant dans les mêmes conditions familiales.

Un congrès précisera tous les réglements militaires pour éviter toutes les causes de conflit.

Officiers et sous-officiers gardes seront logés, par groupes d'un ménage d'officier et d'un ménage de sous-officier, dans de petites maisons-casernes, spécialement construites autour des Saints Lieux.

PROJET DE CRÉATION DES COMITÉS

Nous ne nous adresserons pas aux puissances pour obtenir d'elles un *consortium sacrum* qui européanise les lieux saints, les décore, les organise chrétiennement et les rendent respectables, comme nous l'avons exposé. Avant de recourir à elles, nous nous adressons à l'initiative des plus nobles et des meilleurs citoyens de notre patrie et des catholiques tout d'abord, pour nous adresser ensuite à toutes les religions et à toutes les patries qui s'inclinent devant l'Homme-Dieu. Voici comment nous nous organiserons :

Seront admis dans La Croisade les hommes et les femmes.

Les nouveaux croisés seront divisés en deux classes.

La première, la plus nombreuse, sera appelée la classe des *Gardes de la Voie douloureuse*.

Chaque prêtre ou chaque pasteur sera autorisé à organiser parmi ses fidèles une ou plusieurs compagnies de ces *Gardes*.

Le chrétien, zélé catholique, zélé protestant ou grec, qui voudra en faire partie devra s'engager à verser à La Croisade 3 fr. l'an et à suivre les exercices religieux organisés dans sa Compagnie.

La seconde, la classe des *Chevaliers des Saints-Lieux de Jérusalem* sera composée par tous ceux qui s'engageront à verser à La Croisade 6 francs par an et qui verseront immédiatement au moins 200 francs.

Les dames qui demanderont à se croiser, formeront également deux théories.

La première sera dite des *Compagnes de Sainte-Véronique* ou *de la Sainte-Face*.

Les dames qui en feront partie seront recrutées par le prêtre ou le pasteur qui les réunira pour les prières et les communications ; elles s'engageront à verser 3 fr. l'an.

La seconde sera dite des *Suivantes de Marie mère de Jésus*. Les dames qui en feront partie s'engageront à verser 6 fr. l'an et verseront immédiatement 200 francs au moins.

Cette seconde théorie organisera ses réunions de prières et de propagande, comme la première, sous la direction d'un prêtre ou d'un pasteur.

Les dix premiers Chevaliers catholiques formeront, avec nous onzième, le Comité d'études et de propagande catholique et ils s'adjoindront immédiatement un prêtre.

Les dix premiers Chevaliers protestants formeront, avec nous onzième, le comité d'études et de propagande protestant et ils s'adjoindront immédiatement un pasteur.

Les onze premières Suivantes de Marie catholiques formeront le Comité de propagande catholique, elles éliront un prêtre.

Les onze premières suivantes de Marie protestantes, formeront le Comité de propagande protestante, elles éliront un pasteur.

Les Compagnies de *Chevaliers* et de *Suivantes* qui suivront seront ainsi formées de onze adhérents ou adhérentes, plus un prêtre ou un pasteur pour réaliser le type de la grande Société apostolique formée par Jésus.

Lorsqu'il y aura de constituées dix Compagnies de Chevaliers ou de Suivantes, il sera procédé à des élections générales pour former le Comité de propagande définitif dont les pouvoirs auront une durée de

Lorsque les deux premiers Comités de Chevaliers protestants et catholiques seront formés, il sera procédé à l'élection du Comité central administratif et du Directeur, qui sera chargé de la correspondance, de recevoir les fonds et de les placer, en prélevant cinq pour cent pour tous frais.

Les Comités catholiques et protestants ayant pour mission la propagande chacun dans sa voie, et la surveillance des dépôts, l'accord sera facile entr'eux, aucune question théologique ne pouvant intervenir pour les diviser.

Ainsi, toutes les religions et toutes les nationalités pourront s'entendre pour *Européaniser* ou si l'on veut *Universaliser* les Saints Lieux de Jérusalem, et pour, à cet effet, procéder à une opération de *voirie collective*, de *construction collective* et à la *réglementation* de l'usage des Saints Lieux, de telle manière que l'on s'entende à Jérusalem, comme dans un palais d'Exposition universelle, où les droits individuels et nationaux sont parfaitement délimités et harmonisés avec le droit de l'Universalité exposante et de l'Etat organisateur.

Lorsqu'il y aura une compagnie de gardes et de chevaliers, par chacun de nos départements, il sera procédé à l'élection d'un Comité national catholique et d'un Comité national protestant, qui seront chargés, chacun d'eux dans sa religion, d'organiser la propagande de La Croisade dans les pays étrangers, de religion catholique et protestante.

Ces deux Comités délégueront des pouvoirs spéciaux à quelques-uns de leurs membres, pour former un Comité collectif qui entre en rapport avec les pays de religion grecque et qui y organise La Croisade.

Ces deux Comités devront être composés par des Français, capables de figurer honorablement à côté des hauts dignitaires étrangers et des princes du sang, qui seront particulièrement sollicités de se mettre chez eux à la tête de la Nouvelle Croisade.

POSSIBILITÉS DE RÉALISATION

Premièrement : Possibilité financières.

RECETTES

Il y a en France 5o,ooo prêtres qui tiendront tous à honneur d'organiser autour d'eux La Croisade, parmi les jeunes gens surtout et les dames, pour avoir un nouveau moyen de les intéresser à une œuvre dont les péripéties de propagande entre tous les Etats et toutes les religions chrétiennes, de diplomatie entre les gouvernements, et de mise en action à Jérusalem, seront très captivantes, et pour les faire prier en commun.

Que chaque prêtre groupe dix croisés, cela fait 5oo,ooo âmes à 3 fr. .... 1.5oo.ooo fr.

Et dix dames croisées........................... 1.5oo.ooo »

Total par année........ 3.ooo.ooo fr.

En tenant compte des délais pour la propagande, dans deux ans on aura ce budget annuel, au minimum, dans le monde catholique français.

Les pasteurs protestants français qui ont deux à trois millions de fidèles pourront, par esprit de rivalité, dépasser cette proportion et recueillir facilement le million.

Donc, pour les catholiques................... 3.ooo.ooo fr.
pour les protestants.................. 1.ooo.ooo »

Soit pour la France chrétienne............... 4.ooo.ooo fr.

Quel audacieux serait assez insensé pour parier que cette somme ne sera pas égalée et même dépassée par la rivalité anglaise et anglo-américaine.

Les catholiques, piqués au jeu, pour soutenir la lutte engagée et leur préséance historique à Jérusalem, s'agiteront partout, en Espagne, en Italie, en Allemagne, en Portugal, en Pologne, en Autriche, en Irlande, aux Etats-Unis, au Canada, dans les républiques espagnoles.

Les fidèles des religions grecques qui pourront bénéficier des Saints Lieux plus souvent que les catholiques et les protestants, et jouir cependant des mêmes conditions, ne resteront pas en arrière, pour éviter le ridicule et par zèle chrétien.

En présence de cet entraînement général du christianisme universel, nous refusera-t-on d'espérer atteindre dix millions en deux ans et ensuite une somme de millions dépassant ce chiffre?

DÉPENSES

Lorsque les recettes seront ainsi établies, un Comité universel international sera convoqué, sous la présidence du prince héritier du plus puissant monarque de l'Europe d'alors, pour étudier le projet définitif d'embellissement des Saints Lieux, et pour obtenir un firman d'expropriation à Jérusalem de tous les terrains nécessaires à la réalisation dudit projet.

On pourrait encore, en attendant que l'encaisse soit aussi considérable, réunir le Conseil international, qui serait présidé, à tour de rôle, par les princes héritiers de l'Europe, et qui aurait pour objet l'achat de gré à gré de toutes les parcelles qui seraient à vendre dans Jérusalem, sur le tracé du plan, et ce avant que l'on ait demandé ledit firman.

Ces achats pourraient ainsi commencer à brève échéance et l'on établirait qu'un tiers seulement des sommes encaissées serait consacré à ces achats amiables.

La Voie douloureuse serait rapidement élargie sur toute ou grande partie de son parcours par ces achats, et l'on pourrait y édifier des voûtes provisoires, avec des montants en bois et des toiles, en attendant les grands travaux définitifs.

On le voit, le projet peut rapidement et facilement aboutir et nous aurons bientôt donné le décorum religieux convenable à la terre arrosée par le sang du Sauveur du Monde.

Deuxièmement : Possibilité diplomatiques

Qu'on ne dise pas que Constantinople s'oppose, un jour, à cette apothéose de la Jérusalem chrétienne.

Il sera facile de lui faire voir qu'on augmente, par notre œuvre, sa raison d'être un Etat neutre vis-à-vis du monde chrétien.

Pourquoi, dira-t-on, dépouiller les Turcs ou les laisser dépouiller de leurs domaines, si les religions sont toutes libres sous leur Empire et si les Saints Lieux sont enfin la propriété collective de toutes les puissances européennes. Un Etat européen pourrait-il aussi parfaitement se dégager de ses préférences religieuses, et accorder une protection aussi égale à tous les Cultes et à toutes les Nations?

La Sublime Porte comprendra fort bien de suite quel parti elle peut tirer de cette combinaison nouvelle, qui la mettra à l'abri des convoitises que la religion pourrait, tôt ou tard, inspirer à tel ou tel gouvernement.

Un esprit de paix et de concorde sortira de la nouvelle Jérusalem chrétienne, embellie enfin par la Nouvelle Croisade religieuse et pacifique.

M

J'ai l'honneur de porter à votre connaissance le présent projet.

Vous en comprendrez fort bien le génie religieux et la portée politique.

Pour lui recueillir des adhésions et des patronages, je l'ai imprimé à 1,000 exemplaires, que j'expédie : mi-partie aux membres de la classe dirigeante, qui semblent le mieux qualifiés pour le juger, par leurs traditions familiales ; et mi-partie aux membres les plus éminents du clergé.

Je vous prie de m'envoyer, au plus vite, votre opinion sur la Nouvelle Croisade, et votre souscription, si vous désirez être du Premier Comité d'Initiative, de la manière indiquée ci-dessus. Les premiers fonds reçus seront fidèlement déposés à la Banque de France, en attendant la formation du *Premier Comité*, et immobilisés à la disposition du *Comité International* qui seul en disposera pour universaliser et embellir les Saints Lieux.

Comme il a été également dit, je ne prélèverai que cinq pour cent pour tous frais.

J'espère qu'un Comité d'initiative et de Contrôle sera vite trouvé parmi ceux auxquels je m'adresse ; ils doivent, en effet, penser comme moi, que cette Jérusalem tant aimée par des millions de croisés, rois, seigneurs ou roturiers, alors que le monde chrétien, qui ne dépassait pas 40 millions d'âmes, luttait difficilement contre le *Croissant,* ne doit pas être plus longtemps oubliée, aux mains des infidèles, maintenant que les chrétiens qui dépassent 400 millions d'âmes, sont incontestablement les maîtres de l'Islam, sans avoir tiré un coup de canon.

Je fais appel à ceux et à celles qui ont souci de la garde de ces traditions religieuses et politiques, qui ont fait la grandeur morale de la France.

Ils verront : dans la formule de groupements, des laïques et des religieux, que nous inaugurons, une puissance de sélection très considérable, et dans le but poursuivi : L'*embellissement des Saints Lieux*, l'affirmation des droits historiques acquis en Palestine, par les premiers croisés, envers et contre les ambitions amies ou ennemies nées ou à naître.

Comptant sur la haute dignité de vos sentiments et la supériorité de vos pensées.

Je suis avec respect, votre très humble et très obéissant serviteur.

Alfred ROBICHON,
Avocat,
7, rue Bonaparte

Paris, le 14 Septembre 1897.

P. S. — A toute lettre demandant une réponse, on est prié de joindre un timbre-poste.